V&R

Dienst am Wort

Die Reihe für Gottesdienst und Gemeindearbeit

92

Erde, atme auf

Vandenhoeck & Ruprecht
in Göttingen

Erde, atme auf

Geistliche Lieder

Von Detlev Block

Vandenhoeck & Ruprecht
in Göttingen

Die Deutsche Bibliothek – CIP-Einheitsaufnahme

Block, Detlev
Erde, atme auf : geistliche Lieder / von Detlev Block. –
Göttingen : Vandenhoeck und Ruprecht, 2001
(Dienst am Wort : 92)
ISBN 3-525-59356-2

Umschlagabbildung:
Walter Habdank, »Simeon und Hanna mit dem Kind«,
Öl auf Leinwand 1986.

Satz: Dörlemann Satz, Lemförde
Druck und Bindearbeiten: Hubert & Co., Göttingen

Inhalt

Zu den Liedtexten dieser Sammlung

Der vorliegende Band, betitelt nach dem Refrain aus Detlev Blocks bekanntem Abendmahlslied »Kommt mit Gaben und Lobgesang«, das er aus dem Englischen übertragen hat, enthält Liedtexte aus inzwischen vergriffenen Ausgaben sowie neuere Kirchenlieder aus jüngster Zeit. Es sind von der Form und Sprache her unterschiedliche Liedtypen: Choraltexte, die bewusst an die Tradition der Kirche anknüpfen und für die sonntägliche Praxis entworfen sind; Nachdichtungen, die Aussagen und Bilder alter Lieder behutsam, aber doch spürbar in die Sprache der Gegenwart übertragen; narrative biblische Lieder, die zum Teil balladenhaften Charakter haben; Refrainlieder und schlichte volksliedhafte Töne (»So singen wir die Weihnacht an«), aber auch kunstvoll geformte Lyrik (»Lied zur Lutherrose«) und ansprechende Kinderlieder (»Das Lied vom Weinberg« oder »Der verworfene Eckstein«). Der eine oder andere Liedtext – vor allem aus dem Abschnitt »Bibellieder« – eignet sich auch als Predigt- und Predigtnachlied oder als Gedichtzitat zum Predigteinstieg oder -abschluss.

Kennzeichnend für Detlev Blocks Liedtexte sind ein verlässliches Ausformulieren, das zum Lesen und damit auch zur literarischen Besinnung wie zu Andacht und Gebet einlädt, und Mut zu klarer Bibelnähe.

Eine Besonderheit dieser Sammlung bildet in manchen Liedern die summarische Verdichtung biblischer Aussagen oder Erzählungen zu bestimmten Themen und Erscheinungen, die zugleich Deutung und Anwendung für die Gegenwart umschließt. Hier wären das andeutende »Mittagslied« zu nennen, der ausführende »Tanzchoral«, übrigens ein gelungenes Beispiel der Symbiose von Theologie und ganzheitlicher Bewegung, das bis in die Seniorentanzarbeit hinein bekannt wurde, die beiden »Engelchoräle« oder das Tauflied »Wasser – lebendiges Zeichen«. Besonders begrüßenswert sind die ungewöhnlichen Lieder zu Propheten-, Paulus- und Offenbarungstexten, an die sich sonst kaum ein Liedermacher heranwagt!

In den beiden Textausgaben »In deinen Schutz genommen« (4., überarbeitete Auflage 2001, Dienst am Wort, Band 34) und »Erde, atme auf« sind nun alle wesentlichen und für die Praxis wichtigen Lieder Detlev Blocks zugänglich, von denen allein vierzig in verschiedene Gesangbücher Eingang gefunden haben.

Die Liedtexte lassen sich nach bekannten Choralmelodien oder nach zeitgenössischen Eigenvertonungen singen. Auskunft darüber gibt das Inhalts- und Melodienverzeichnis.

Walter Grüner

1 Der Weg ist schon das Ziel

Tageskreis und Lebenslauf

Morgenlied

1. Begrüßt den Morgen, Brüder,
lobsinge, Herz, auch du!
Die Erde dreht sich wieder
der großen Sonne zu.
So wendet euer Leben
zu Gott dem Schöpfer hin.
Er will es neu euch geben
mit Wärme, Licht und Sinn.

2. Es geht durch diese Stunde
für den, der glauben mag,
der Glanz der Gotteskunde
vom ersten Schöpfungstag.
Liegt auch die Welt im Leide,
es atmet unser Blut
den Hauch von Gottes Freude:
Und siehe, es war gut.

3. Bevor der Tag euch bindet
und Werk und Zeit euch treibt,
nehmt wahr, was Gott euch kündet:
Dass er der Eine bleibt,
der seine Güte breitet
um euch und euch bewacht
und euren Tag begleitet
bis in die Mitternacht.

4. Er trägt mit uns das Schwere
und wendet manche Last.
Er führt aus Gram und Leere
zur Tat, die Hoffnung fasst.
Kein Mensch ist ungeborgen,
dem er den Frieden bringt.
Er bleibt der helle Morgen,
auch wenn die Sonne sinkt.

5. Wohl weiß kein Mensch, was heute
auf seinem Weg geschieht,
was er an seiner Seite
für Dunkelheiten sieht.
Doch leuchtet es uns innen:
Ein Tag, ob mein, ob dein,
den wir mit Gott beginnen,
kann nicht verloren sein.

6. Lobsingt der Sonne, Schwestern,
hört Gottes Schöpferruf,
der euch aus dunklem Gestern
ein helles Heute schuf.
Der Erde Glück und Kummer,
ihr buntes Angesicht
erwecke aus dem Schlummer
und segne, Gottes Licht!

Lied am Wochenende

1. Gott und Schöpfer, unsre Zeit
ist voll Unruhe und Streit.
Doch dein Himmelreich verleiht
Frieden und Glückseligkeit.

2. Darum bitten wir dich sehr:
Sende deinen Frieden her,
der die Seele ruhig macht,
dass sie ganz zu dir erwacht.

3. Der du alles weißt und siehst,
nun der Wochenkreis sich schließt,
sei barmherzig und vergib,
was misslang und Bruchstück blieb.

4. Hab von Herzen Lob und Dank,
Gott, für das, was uns gelang.
Segne unser Tun und Sein.
Wir sind nichts aus uns allein.

5. Schick in unser Leben Licht,
gib den Müden Zuversicht
und den Schwachen Kraft und Halt.
Nimm den Ängsten die Gewalt.

6. Gib der Stille in uns Raum.
Löse uns von Trug und Traum.
Eh wir handeln, handle du,
sprich uns deine Liebe zu.

7. Heil die Welt von ihrem Wahn,
halte sie auf deiner Bahn.
Zeige, was sie auch zerstört,
dass sie dennoch dir gehört.

8. Eh die Menschheit sich verirrt,
gib, dass sie vernünftig wird.
Aus sich selbst kann sie es nie.
Du allein vollendest sie.

9. Der du uns zum Heil erschienst,
nimm uns neu in deinen Dienst.
Herr, wir glauben an dein Wort.
Hilf und nimm den Zweifel fort.

10. Lass uns dir entgegengehn
und im Glanz der Gnade stehn.
Gott, wir blicken hoffnungsvoll
auf dein Reich, das kommen soll.

Mittagslied

1. Du Aufgang aus der Höhe,
du Glanz, der kommen soll,
die Ferne und die Nähe
sind deiner Ehre voll.

2. Du lenkst uns Zeit und Stunde,
bist Anfang, Mitte, Ziel.
Du segnest Tisch und Runde
und machst aus wenig viel.

3. Du hältst in deinen Händen
den blauen Erdenball,
und deine Wunder wenden
den Kleinmut überall.

4. Ihr, die ihr Angst und Sorgen
als Speise zu euch nehmt,
ihr seid in ihm geborgen,
der alle Angst beschämt.

5. Er, der der Herr der Tische,
der guten Gaben heißt,
gibt so viel Fang und Fische,
dass unser Netz zerreißt.

6. Wir müssen, Herr, nur teilen
barmherzig und gerecht
und Not und Hunger heilen,
sonst wird der Reichtum schlecht.

7. Du immer wieder andrer,
verborgner Herr der Welt,
kamst mittaglich als Wandrer
zu Abraham ans Zelt.

8. Im Haus, das wir versehen,
gewährst du Mahl und Rast.
Lass es auch offenstehen
für dich und manchen Gast.

9. Die jetzt zu Tisch sich setzen
im Hunger dieser Zeit,
Herr, speise aus den Schätzen
der großen Ewigkeit.

10. Wir Knechte unsres Strebens
sind Erben welchen Teils?
Brich uns das Brot des Lebens,
gib uns den Kelch des Heils!

11. Wir nehmen hier im Zeichen
dein großes Mahl voraus.
Du wirst das Brot uns reichen
dereinst im Vaterhaus.

12. Du hast zur Mittagsstunde
den Weg ans Kreuz gemacht.
Nun wächst aus Schmerz und Wunde
das Heil: Es ist vollbracht.

13. Geh auf in Herz und Sinnen,
Glanz, der den Mittag bringt!
Der wird den Tag gewinnen,
der dankt und dir lobsingt.

Abendlied

1. Die Nacht ist da. Ich suche deine Nähe.
   Auch wenn ich dich nicht höre und nicht sehe,
   Gott, höre mich und sieh auf mich hernieder,
   tröste mich wieder!

2. Du bist gerecht und rettest meine Ehre,
   wenn ich mich einsam gegen Unrecht wehre.
   Dass Menschen wehtun und Verkehrtes sagen,
   hilf mir ertragen.

3. Du führst den Weg durch Wahrheit und durch Lüge.
   Gib, dass ich mich, Herr, deiner Führung füge.
   Du bringst ans Ziel durch Lachen und durch Weinen
   alle die Deinen.

4. Schenk uns das Leuchten deines Angesichtes,
   bewahre uns die Freude dieses Lichtes!
   Mehr als das Glück, das Menschen je erreichten,
   zählt dieses Leuchten.

5. Du hast in Christus dich für mich entschieden.
   So liege ich und schlafe ganz mit Frieden.
   Denn du allein, was ich auch immer tue,
   bist meine Ruhe.

Nach Psalm 4
EG Österreich 659 sowie RG 4

Abendgebet

1. Vollendet ist die helle Tagesrunde.
Wir suchen dich zu dieser Abendstunde,
Gott Schöpfer, im Verborgenen und Leisen,
um dich zu preisen.

2. Aus der Zerstreuung unsres Tuns und Strebens
sammeln wir uns vor dir, dem Herrn des Lebens.
Manches Verkehrte, manches eitle Irren
hilf zu entwirren.

3. Vergib uns alle unsre Schuld in Gnaden,
die wir vor dir tagtäglich auf uns laden.
Lass dein Erbarmen über unsre Sünden
kein Ende finden.

4. Wir haben heute wieder neu erfahren,
wie deine Hände tragen und bewahren.
Du bist es, Gott, der Tag und Nacht gebietet
und uns behütet.

5. Wach über uns als treuer Menschenhüter,
pflege die Kranken, tröste die Gemüter.
Lass die, die ihre letzte Stunde leiden,
in Frieden scheiden.

6. Gedenke aller, die zu uns gehören
und mit uns betend deinen Namen ehren.
Was wir erbitten, wollest du erfüllen
um Christi willen.

Abendsegen

1. Gelobt seist du, der du die Erde leitest
und durch die Sonne uns den Tag bereitest.
Gelobt seist du, Herr Gott, der du die Nacht
erleuchtest durch der Sterne Glanz und Pracht.

2. Du lässt uns gnädig diesen Tag vollenden
und bist dabei, die stille Nacht zu senden.
Hör unser Bitten, das jetzt zu dir geht,
und deines ganzen Volkes Nachtgebet.

3. Vergib uns alle unsre Schuld und Lüge
und schütte, Herr, die Fülle deiner Siege
und deiner göttlichen Barmherzigkeit
aus über uns und unsre bange Zeit.

4. Umschirme uns mit deinen Engelscharen
vor Unfall, Sünde, Schrecken und Gefahren
und gib uns bei des Bösen Widerstreit,
Herr, deine Waffen der Gerechtigkeit.

5. Umschanze uns mit Wahrheit und mit Gnade,
dass uns des Widersachers Macht nicht schade.
Mach Tag und Nacht und alle Lebenszeit
uns für dein Wort und unser Heil bereit.

6. Bei dir ist viel Erbarmen und Erlösen,
allmächtig und dreieinig hohes Wesen.
Gott, Sohn und Geist, der kommt und ist und war,
dir bringen wir Ruhm, Preis und Ehre dar.

1. In deinem Namen fang ich an.
Gott, segne meine Pflichten,
dass ich es fröhlich wagen kann,
mein Tagwerk zu verrichten.
Dass ich es darf und soll – wie gut!
Gib du mir dazu Kraft und Mut.
So kann ich etwas leisten.

2. Gott, lass mich nun verantwortlich
an meine Arbeit gehen,
die mitarbeiten rings um mich,
als meine Nächsten sehen.
Wenn du nur selber bei uns bist,
wird manches, was nicht einfach ist,
am Ende doch gelingen.

3. Gib mir ein Herz und Ohr für die,
die Schwierigkeiten haben.
Ermutige und stärke sie
und fördre ihre Gaben.
Kehrt menschliches Verständnis ein,
wird unsre Arbeit fruchtbar sein
und gut im Miteinander.

4. Ich weiß, kein Können und kein Tun
kann deine Gunst erringen.
Auf deiner Gnade nur beruhn
das Wollen und Vollbringen
Von falschem Ehrgeiz mach mich frei,
doch steh mir auch in Unlust bei,
dass ich nicht ziellos schaffe.

5. Gott, dessen Wort die Arbeit schuf
mit ihrer Last und Bürde,
schenk uns in Werktag und Beruf
ein Stück von deiner Würde.
Bewahr vor Missgunst uns und Neid
und lass Humor und Heiterkeit,
was Mühe macht, beflügeln.

6. Stürmt vieles fordernd auf mich ein,
Herr, gib mir klare Ruhe.
Lass meine Augen offen sein,
dass ich das Rechte tue.
Was dringlich ist, was warten kann,
worauf es ankommt jetzt und dann,
lehr mich zu unterscheiden.

7. Wie viele sind noch arbeitslos
und bangen um das Morgen!
Mach unsre Tatkraft stark und groß,
auch für ihr Recht zu sorgen.
Du willst, dass jeder Mensch erfährt,
was Achtung ist und Sinn und Wert
aus anvertrauter Arbeit.

8. Du liebst mich, Gott, so wie ich bin
mit Stärken und mit Schwächen.
Das gibt mir Kraft und frohen Sinn,
»Das walte Gott!« zu sprechen.
Begleite meinen Arbeitstag,
dass dich mein Tun lobpreisen mag
und mir Erfüllung bringen.

Nachdichtung zu EG 494: In Gottes Namen fang ich an

Tanzchoral

1. Du bist der Herr der Freude
und liebst das Fröhlichsein,
lädst Geist und Körper, beide,
zum Fest des Glaubens ein.
Wohl kennen unsre Tage
noch immer Last und Leid,
doch du hast unsre Klage
zum Lobgesang befreit.

2. Du machst aus Weinen Lachen,
aus Trauer Freudentanz,
aus Müdigkeit Erwachen,
aus Abend Morgenglanz.
Was in und um uns träge,
erstorben ist und stumm,
belebe und bewege
durchs Evangelium!

3. Kommt, sprichst du zu den Deinen,
seid wieder froh und singt!
Ich schenke euch den Einen,
der die Erlösung bringt.
Legt ab die Trauermiene,
kommt her mit freiem Schritt,
nehmt eure Tamburine
und tanzt im Reigen mit!

4. Wir treten, Gott, gemeinsam
in einen frohen Kreis.
Vor dir ist keiner einsam,
der dich zu rühmen weiß.
Wir preisen deine Gnade,
im Tanzen dir genaht,
wie vor der Bundeslade
es König David tat.

5. Bewege Leib und Wesen
mit deines Geistes Macht.
Du willst nicht nur gelesen,
gehört sein und bedacht.
Wir schreiten und wir grüßen
dich, der uns trägt und hält,
mit Händen und mit Füßen
zum Zeugnis für die Welt.

6. Tanzt euren Glauben, Freunde,
so wie er euch erfüllt!
Du Bräutigamsgemeinde,
die als die Braut nun gilt,
bezeuge und erzähle,
wie schön es ist und fein,
ein Mensch mit Leib und Seele
nach Gottes Bild zu sein.

7. Lernt von der Schöpfung preisen,
die sich zum Tanz erhob.
Milliarden Sterne kreisen
und leuchten Gott zum Lob.
Die Berge und die Hügel
frohlocken vor euch her.
Die Vögel öffnen Flügel,
der Fisch lobsingt im Meer.

8. Lernt loben wie die Bäume.
Sie wiegen sich im Wind,
dass Luft und Lebensräume
voll Dank und Beifall sind.
Lobt wie die Schmetterlinge
im Tanz- und Farbenspiel
den Schöpfer aller Dinge,
den Ursprung und das Ziel.

9. Gott, unser Tun und Lieben,
das oft noch schwankt und irrt,
ist nur ein schwaches Üben
für das, was kommen wird.
Einst tanzt die Welt im Ganzen,
erlöst von Schuld und Pein,
so wie Geliebte tanzen,
in Gottes Herz hinein.

Segenslied

1. Schön ist die Welt. Sie kommt aus Gottes Hand.
Wir danken ihm für Himmel, Meer und Land,
für Licht und Luft, die Erde, die uns trägt,
und für das warme Herz, das in uns schlägt.

2. Gut sei der Mensch! Er zeige, was er kann,
und nehme mutig Christi Vorbild an.
Er sei gerecht, dem Frieden auf der Spur,
ein Freund des Lebens und der Kreatur.

3. Weit ist der Weg. Doch grüble nicht zu viel!
Geh nur getrost, der Weg ist schon das Ziel.
Gib Acht darauf, dass Tun und Lassen stimmt
und dass der Liebe Feuer nicht verglimmt.

4. Gott gebe es, dass Leben Leben bleibt
und manche Knospe dir noch Blüten treibt.
Sag ja, nimm wahr, wie Gott dir Atem schafft,
haushalte gut mit dir und deiner Kraft.

5. Gott gebe es, wenn sich die Seele härmt,
dass einer kommt, sie tröstet und sie wärmt.
Wenn Gegenwind auf deinen Wegen weht,
dass er bald nachlässt und sich günstig dreht.

6. Wir wünschen dir in Freude und im Leid
von vielen Engeln Beistand und Geleit,
dass, wenn dein Leben dann zuletzt verklingt,
dich einer zärtlich in den Himmel bringt.

7. Ehre sei Gott! Das Leben wird zum Fest,
wenn er die Saat des Glaubens wachsen lässt.
Wers recht versteht und wagt in seinem Geist,
gewinnt die Krone schon, die Gott verheißt.

2

Ein Zweig wird aus dem Baumstumpf blühn

Jahreskreis und Kirchenjahr

Advents-Choral

1. Nun tröstet, tröstet, spricht der Herr,
mein Volk und macht es mutiger!
Sprecht freundlich mit der Gottesstadt,
dass ihre Not ein Ende hat.

2. Die Zeit der Knechtschaft ist vorbei,
die Schuld verziehn, das Volk ist frei
und hat die Strafe abgebüßt.
Erlösung naht, und Freude grüßt.

3. Schon hat ein Ruf sich aufgetan:
Macht in der Wüste eine Bahn
für Gott den Herrn, die ihm gebührt
und eben durch die Steppe führt!

4. Erhöht die Täler, Berge senkt,
dass ihr den Weg gerade lenkt.
Was unten liegt, soll aufrecht stehn,
was hoch steht, in die Kniee gehn.

5. Die Herrlichkeit wird offenbar
des Herrn, der kommt und ist und war.
Und allem Fleisch tut sie sich kund.
Geredet hat es Gottes Mund.

6. Es spricht die Stimme: Gehe hin
und predige in meinem Sinn!
Ich sprach: Was soll ich sagen, was?
Er sagte: Alles Fleisch ist Gras.

7. Die Blume welkt, das Gras verwest,
wenn Gottes Odem darein bläst.
Die Blume welkt, das Gras verdorrt.
Doch ewig bleibt das Gotteswort.

8. Du Freudenbotin Zion, steig
auf einen hohen Berg und zeig
der Welt es immer mächtiger:
Sieh, da ist euer Gott und Herr!

9. Er kommt gewaltig, und er wird
die Herde weiden wie ein Hirt.
Sein Arm wird herrschen weit und breit
in Liebe und Gerechtigkeit.

Nach Jesaja 40, 1–11

1. Mach dich auf und werde licht!
Wie die Morgenröte bricht
Gottes Herrlichkeit herein
über deiner Nacht und Pein.

2. Noch von Finsternis bedeckt
ist das Erdreich unerweckt.
Doch dein Licht kommt und befreit
es aus Schlaf und Dunkelheit.

3. Hebe deine Augen auf,
sieh des Heiles Glanz und Lauf.
Ost und West und Süd und Nord
sammeln sich um Gottes Wort.

4. Du wirst sehen deine Lust,
dass du froh bezeugen musst:
Volk um Volk bis übers Meer
kommt mit Gold und Weihrauch her.

5. Christus der Erlöser spricht:
Gute Botschaft, kein Gericht,
bringe ich für Volk und Land.
Gottes Geist hat mich gesandt.

6. Brich dem Hungrigen dein Brot.
Die in Elend sind und Not,
führe du ins Haus und Licht
und entzieh dich ihnen nicht.

7. Wer zerbrochnen Herzens ist,
seine Schuld nicht mehr ermisst,
dem wird Trost, Vergebung, Heil
durch mein Wort und Mahl zuteil.

8. Trauernde, nehmt mein Geleit,
Freudenöl statt Trauerkleid
und empfangt, was auch geschieht,
Lobgesang statt Klagelied.

9. Arme, werdet in mir reich,
hoffnungsvollem Grünen gleich.
Wachst heran, blüht auf und seid
Bäume der Gerechtigkeit.

10. Eure Knechtschaft ist vorbei.
Die Gebundenen sind frei.
Ich verkünde nah und fern
euch das Gnadenjahr des Herrn.

Nach Jesaja 60,1–5 und 61,1–3

Adventslied

1. Die Stunde schlägt. Nun ist es Zeit,
vom Schlafen aufzuwachen
und für des Morgens Herrlichkeit
sich ganz bereit zu machen.

2. Das Heil ist näher, als es war,
da wir zum Glauben kamen.
Der Morgenstern scheint hell und klar.
Steht auf in Christi Namen!

3. Die dunkle Nacht ist vorgerückt,
der Tag herbeigekommen.
Der Finsternis, die uns noch drückt,
wird Macht um Macht genommen.

4. So lasst die eitlen Werke sein
und alles dunkle Schaffen.
Die Morgenröte bricht herein.
Legt an des Lichtes Waffen!

5. Macht ernst mit eurem Neubeginn,
lasst uns mit Dingen brechen,
die nicht der Freude und dem Sinn
des hellen Tags entsprechen.

6. Dass Christus euch bestimmen mag
nach außen und nach innen!
So werdet ihr den großen Tag
bestehen und gewinnen.

Nach Römer 13, 11–14

So singen wir die Weihnacht an

1. So singen wir die Weihnacht an
und heißen sie willkommen.
Sie hat das Land mit Berg und Tann
ins weiße Kleid genommen.

Refrain: Weihnacht, Weihnacht!
Wir wollen uns freuen und singen.

2. So dunkel ist der Tageslauf,
wir sitzen froh beisammen
und stecken unsre Lichter auf
und sehn in ihre Flammen.

3. Du Licht, das uns die Nacht erhellt,
dem Winter abgerungen,
dir sei in Herz und Haus und Welt
lobsungen, ja lobsungen.

4. Du bist das Licht, du bist das Grün,
Herr Christ, dem wir lobsingen.
Ein Zweig wird aus dem Baumstumpf blühn
und uns den Frieden bringen.

5. So singen wir die Weihnacht an
mit ihren tausend Kerzen,
und den, der sie uns segnen kann,
begrüßen wir von Herzen.

Weihnachtslied

1. Von Anfang an vor aller Zeit
war schon das Wort in Ewigkeit.
Es war bei Gott seit Anbeginn
und schuf die Welt und gab ihr Sinn.

2. Das Leben hat in ihm Bestand.
Doch hat die Welt es nicht erkannt.
Der, der das Wort heißt, hat verhüllt
und leidend Gottes Wort erfüllt.

3. Es war ein Mensch, von Gott gesandt
der hatte sich zum Licht bekannt:
Nach mir kommt der, der vor mir war,
und macht die Wahrheit offenbar.

4. Johannes zeugte von dem Licht.
Er selber aber war es nicht.
Er war nur Ruf und Fingerzeig,
am Baum des Heils ein Hoffnungszweig.

5. Da stieg das Licht von seinem Thron,
in Christus wurde es Person.
Er ging den Weg, den Gott ihm wies,
und öffnete das Paradies.

6. Er kam in seine eigne Welt.
Sie hat sich gegen ihn gestellt.
Die Seinen nahmen ihn nicht auf.
Das Kreuz nahm früh schon seinen Lauf.

7. Doch manche nahmen ihn auch an,
dass ihr Vertrauen Lohn gewann:
Er wies sie in das Leben ein,
gab Vollmacht, Gottes Kind zu sein.

8. Er wurde Mensch und lebte hier
und wohnte neben dir und mir.
Wir sahen seine Herrlichkeit,
die Gott nur seinem Sohn verleiht.

9. Von seinem Reichtum nahmen wir
die volle Gnade für und für.
Denn das Gesetz gab Mose schon,
die Gnade aber schenkt der Sohn.

10. Noch keiner hat Gott je gesehn
und kann ihn aus sich selbst verstehn.
Allein der Sohn hat uns gezeigt,
wie er sich freundlich zu uns neigt.

11. Das Wort hat es ans Licht gebracht,
und ohne es ist nichts gemacht.
Das Licht scheint in der Finsternis.
Seid seines Leuchtens nun gewiss!

Nach Johannes 1, 1–14

In der Nacht geboren

1. In der Nacht geboren,
zeigst du, wer du bist,
Nichts gibst du verloren,
was im Dunkeln ist.

2. Als ein Kind gekommen,
willst du Zeichen sein.
Sei es wahrgenommen:
Gott beginnt ganz klein.

3. Schweigt nun, Angst und Sorgen,
weil wir bei dir, Kind,
wunderbar geborgen
und gesegnet sind.

4. Braucht es doch nur wenig,
Kind, zum Himmelreich.
Hirte ist und König
an der Krippe gleich.

5. Alle Macht der Ehren
und die Welt dazu
können uns gewähren,
Kind, nicht mehr als du.

6. Sterne ziehn die Runde
über Stall und Haus.
Kind, und deine Kunde
kündet sich nicht aus.

Der Stern von damals

1. Der Stern von damals ist verglüht.
   Zeig du uns einen neuen.
   Entzünde ihn uns im Gemüt.
   Dann wollen wir uns freuen.

2. Der Stall von damals steht nicht mehr.
   Wo suchen wir die Hütte?
   Herr, unser Leben ist so leer,
   nimm Raum in unsrer Mitte.

3. Die Not von damals ist noch da
   und hat sehr zugenommen.
   Lass, die so vieles Elend sah,
   die Welt zum Frieden kommen.

4. Allein Gott in der Höh sei Ehr!
   Wer wird dir Lobpreis bringen?
   Und singen keine Engel mehr,
   dann wollen wir ihn singen.

Sie kommen von weitem

1. Sie kommen von weitem
und suchen das Kind.
Ob wir nicht auch Ferne
und Suchende sind?

2. Sie wagen den Aufbruch
und folgen dem Stern.
Was wagen wir heute –
für wen? Für den Herrn?

3. Sie kennen den Himmel
und bleiben doch sie.
Wir wissen so vieles,
genügen uns nie.

4. Sie finden die Krippe
und knieen vor ihr.
Hast du schon gefunden?
Vor wem knieen wir?

5. Sie opfern die Gaben
von kostbarer Zier.
Wir leben im Wohlstand,
und was bringen wir?

6. Sie spüren die Freude,
der sonst keine gleicht.
Hat uns schon die Freude
des Glaubens erreicht?

7. Sie ändern den Rückweg,
wie Gott ihnen sagt.
Wo wechseln wir Wege,
wenns uns nicht behagt?

8. Sie kommen von weitem
und finden das Kind.
Gott weiß, wann wir selber
die Findenden sind.

6. Lass uns mit dir das Gute wagen
und unverzagt das Unsre tun.
So wird der Glaube Früchte tragen
und auf dem Tagwerk Segen ruhn.

7. Das Jahr ist um und kehrt nun wieder
zurück in deine Ewigkeit.
Wir knieen betend vor dir nieder
und spüren das Geheimnis Zeit.

O Mensch, beweine deine Schuld

1. O Mensch, beweine deine Schuld!
Für sie litt Christus in Geduld
Angst, Schmerzen und Beschwerden
Er kam von seines Vaters Thron
und wurde Mensch, Marias Sohn,
um unser Heil zu werden.
Den Toten tat er Leben kund,
die Kranken machte er gesund,
dann musste sich erfüllen,
dass er den Weg des Opfers ging,
zuletzt am Kreuz verlassen hing
um unsrer Sünde willen.

2. O Mensch, erkenne das Gericht,
das aus dem Leiden Christi spricht!
Er nahm auf sich die Hölle
von Schuld und Strafe, Hohn und Hass
und gab sich hin für Barrabas
und uns an unsrer Stelle.
Die göttliche Barmherzigkeit
hat uns vom Fluch der Schuld befreit,
den wir zu tragen hätten.
Das Kreuz macht arm, das Kreuz macht reich,
klagt an und spricht gerecht zugleich,
es richtet, um zu retten.

3. So wollen wir nun dankbar sein,
dass er für uns litt solche Pein,
und seinen Willen leben
und das, was Christus uns erwies,
als er sein Leben für uns ließ,
in Liebe weitergeben.
Kommt aus der Gottesferne fort,
denn Gott ist nah und will im Wort
vom Kreuz sich offenbaren.
Betrachtet recht und überlegt,
wie Gottes Zorn die Sünde schlägt,
lasst euch davor bewahren!

Nachdichtung zu EG 76:
O Mensch, bewein dein Sünde groß

Lob des Schöpfers

1. Mein Gott, ich will dich loben,
mich deiner Wunder freun.
Aus Licht und Glanz gewoben
hüllt ein Gewand dich ein.
Die Wolken sind dein Wagen,
im Wind fährst du daher,
und deine Spuren tragen
das Erdreich und das Meer.

2. Du hast die Welt gegründet,
den Himmel ausgespannt,
die Sterne angezündet
mit schöpferischer Hand.
Du machst zu deinen Boten
die Flammen und den Wind,
weckst Leben aus dem Toten,
dass Zukunft neu beginnt.

3. Das Land grünt wie ein Garten
voll Früchten, die du schenkst,
und alle Tiere warten,
dass du sie nährst und tränkst:
des Meeres Fischgewimmel,
in Wald und Feld das Wild,
die Vögel unterm Himmel,
das Vieh, das hungrig brüllt.